PROJET FINANCIER

POUR

LIBÉRER LA FRANCE

DE TOUS LES FRAIS DE LA GUERRE

Y COMPRIS L'INDEMNITÉ DUE A PARIS ET AUX DÉPARTEMENTS ENVAHIS

Par AUGUSTE SARAZIN

PARIS

DENTU, LIBRAIRE,
au Palais-Royal

GUILLAUMIN ET CIE,
LIBRAIRE,
rue Richelieu, 14.

LYON
BRIDAY, LIBRAIRE

LILLE
L. QUARRÉ, LIBRAIRE
Grand' Place, 64.

1871

PRÉFACE

La guerre fatale, que la France vient de soutenir contre la Prusse, la charge d'une dette énorme, que l'on peut estimer, tant pour les cinq milliards dus aux Prussiens, que pour les frais de la guerre, les dédommagements que l'on doit allouer en toute justice aux départements envahis, et les nouveaux désastres dont Paris vient d'être victime, à la somme de neuf milliards de francs.

Pour faire face à une telle somme, dans la situation malheureuse où se trouve la France, il n'est guère possible de songer aux emprunts ordinaires. Quand on considère, en effet, le taux de la rente 3 p. 0/0, qui oscille depuis neuf à dix mois entre 50 et 54 francs, le taux le plus élevé auquel on puisse espérer émettre un emprunt, est 55 francs. Or, même à ce prix, l'intérêt s'élève à 5 1/2 p. 0/0 environ, c'est-à-dire 495 millions de francs à payer chaque année, sans compter une dette de plus de seize milliards que la France contracterait et qu'elle ne parviendrait jamais à amortir malgré toutes les économies qu'elle pourrait faire et les nouvelles ressources qu'elle pourrait se créer.

On le voit, la France, l'un des premiers crédits du monde, ne peut, sans descendre au rang des puissances les plus obérées, recourir aux emprunts ordinaires. Il faut que l'imagination humaine trouve un moyen de sortir de la situation difficile où se trouve notre pays, sans employer une voie aussi désastreuse pour l'avenir de la France. Il faut trouver une nouvelle mesure qui permette de se procurer de grandes ressources afin de pouvoir remplir les engagements contractés avec les prussiens ; car ce n'est que du jour où ils ne fouleront plus le sol de la patrie, que la France commencera à respirer librement et à cicatriser ses plaies intérieures. Je viens en conséquence, soumettre à l'appréciation des hommes compétents, une nouvelle combinaison financière, qui permet de se procurer les neuf milliards, moyennant le paiement annuel de 2 p. 0/0 pour l'amortissement du capital, et de 2 p. 0/0 pour le service des intérêts sous forme de primes, soit une somme totale de 360 millions à payer chaque année pendant cinquante ans, durée de l'emprunt.

PROJET FINANCIER

POUR LIBÉRER LA FRANCE

DE TOUS LES FRAIS DE LA GUERRE

Mécanisme du projet :

PREMIER EMPRUNT DE 600 MILLIONS DE FRANCS

Il serait créé six cents séries de un million de francs chacune en *bons de placement et de circulation* de 5, 10, 20, 100, 500 et 1000 francs, remboursables en cinquante années au pair avec une prime de 100 p. 0/0.

Les six cents séries seraient représentées par autant de numéros, et ces numéros seraient enfermés dans une roue. Il en serait tiré un le premier de chaque mois, et, cette opération se répétant tous les mois, les six cents numéros seraient extraits en cinquante années.

Tous les bons de 5, 10, 20, 100, 500 et 1000 francs, portant le numéro sorti et représentant une série de un million de francs, seraient remboursés au pair et auraient droit en outre à une prime de cent pour cent, ce qui ferait une somme de deux millions de francs par tirage et par mois, soit 24 millions par an pour l'amortissement du capital et le paiement de la prime.

Le numéro sorti serait publié et affiché le plus tôt possible dans toutes les villes et communes de France et le remboursement des bons avec la prime de cent pour cent se ferait à présentation dans toutes les recettes générales et particulières de France. Ainsi, tous les possesseurs de bons appartenant à la série sortie, recevraient :

Pour un bon de	5 fr.	. . . . .	10 fr.
» »	10	. . . . .	20
» »	20	. . . . .	40
» »	100	. . . . .	200
» »	500	. . . . .	1,000
» »	1,000	. . . . .	2,000

Ces bons de placement et de circulation seraient reconnus comme monnaie légale de France et auraient le double avantage de pouvoir servir dans toute espèce de paiement et comme placement.

Le premier emprunt de 600 millions divisé en six cents séries de un million de francs de bons chacune et représentées par autant de numéros, serait réparti comme suit :

4,000 bons de	5 fr. par série	= 20,000 fr.,	soit pour 600 séries, fr.		12,000,000
3,000 »	10 »	= 30,000	»		18,000,000
2,500 »	20 »	= 50,000	»		30,000,000
1,500 »	100 »	= 150,000	»		90,000,000
500 »	500 »	= 250,000	»		150,000,000
500 »	1,000 »	= 500,000	»		300,000,000
Ce qui donne pour chaque série		1,000,000 fr.,	soit pour 600 séries, fr.		600,000,000

La répartition des bons des six cents séries devrait être faite de façon à permettre à tous les receveurs généraux et particuliers de France, de pouvoir délivrer au public des bons de 5 à 1,000 fr. de toutes ces séries.

Aussitôt cette première émission de 600 millions placée, on créerait la seconde émission, puis la troisième et ainsi de suite jusqu'à la quinzième qui complèterait la totalité de l'emprunt. On devrait toujours attendre le placement complet d'une émission, avant de créer la suivante.

Le premier tirage d'un numéro représentant une série de un million de francs, commencerait aussitôt après le placement de la première émission et les autres suivraient de mois en mois sans aucune interruption jusqu'à l'extraction des six cents numéros, ce qui arriverait dans six cents mois ou cinquante années.

Les bons de la série sortie seraient anéantis aussitôt le remboursement effectué et dans les émissions d'emprunts subséquents, il ne serait plus créé de bons portant les numéros sortis.

Explications pour la mise en exécution du projet.

Le projet dont je viens d'expliquer le mécanisme, se compose de quinze emprunts tout à fait distincts :

Le premier emprunt, qui a servi de base pour expliquer le mécanisme de mon projet, comprendrait six cents numéros, représentant chacun une série de un million de francs et serait par conséquent de :

600 fois 1,000,000 de fr., c'est à-dire de 600,000,000.

Cette somme serait répartie en bons de 5, 10, 20, 100, 500 et 1000, francs dans la proportion indiquée dans le mécanisme du projet (proportion que l'on pourrait parfaitement changer dans les emprunts subséquents suivant les demandes faites dans le premier emprunt, tout en conservant entier le mécanisme du projet.)

Quant au second emprunt, puisqu'on ne doit plus créer de bons portant le numéro sorti et que l'on doit toujours émettre dans tous les emprunts pour un million de francs, de bons de chaque numéro existant encore dans la roue lors de l'émission, il ne s'élèverait plus à la somme de 600 millions de francs. Supposons en effet deux tirages opérés avant l'émission du deuxième emprunt, il ne resterait plus dans la roue que 598 numéros et puisque de chaque numéro il doit être créé un million de francs de bons; le second emprunt serait de :
598 fois 1,000,000 de fr., c'est-à-dire 598,000,000 de fr.

Quant au troisième emprunt, supposons qu'il soit émis trois mois après le placement du second emprunt, le nombre des numéros dans la roue n'étant plus alors que de 595 le troisième emprunt serait de :
595 fois 1,000,000 de fr., c'est-à-dire 595,000,000 de fr.

Si le quatrième emprunt était émis cinq mois après le troisième il ne resterait plus dans la roue que 590 numéros et ainsi le quatrième emprunt serait de :
590 fois 1,000,000 de fr., c'est-à-dire 590,000,000 de fr.

On suivrait la même marche pour l'émission des autres emprunts.

Ainsi qu'on peut le voir, l'émission des quinze emprunts ne produirait pas neuf milliards de francs mais aussi la charge de l'État ne s'élèverait pas à 360 millions de francs par année.

Considérations générales à l'appui du projet

SA NATURE, SON OBJET, SON UTILITÉ.

Les bons de placement et de circulation remboursables en cinquante ans avec une prime de cent pour cent, offriraient deux avantages qui ne se sont jamais trouvés réunis dans une même valeur. La nouvelle valeur que je propose serait d'abord une valeur de placement puisqu'elle jouirait d'un intérêt sous forme de prime et aurait la perspective d'un remboursement à époque fixe; ensuite elle posséderait l'avantage de la circulation puisqu'elle serait reconnue comme monnaie légale de France. Ces deux qualitités se portant en quelque sorte une mutuelle assistance donneraient à cette nouvelle valeur une plus-value considérable et sur les valeurs actuelles de placement (rentes, actions, obligations, etc.), et sur celles de circulation (or, argent et billets de la banque de France).

Ainsi il existerait en France trois sortes de valeurs :

1° L'or, l'argent et les billets de banque servant spécialement à la circulation.

2° Les valeurs de placement (rentes, actions, obligations.)

3° Les bons de placement et de circulation pouvant servir au gré des possesseurs et à la circulation et comme placement.

Cette troisième valeur rendrait les plus grands services en facilitant toute espèce de transactions et en utilisant tous les capitaux disponibles.

L'attrait qui s'est toujours attaché au tirage de primes

se produirait dans toute sa force dans le nouvel emprunt que je propose. Le nombre des Bons primés à chaque tirage serait en effet des plus considérables (12,000 pour le premier emprunt) et ce nombre se répéterait tous les mois sans compter le peu de numéros (600) qui se trouveraient dans la roue, grâce au système que j'ai indiqué dans le mécanisme du projet. Ce système tout en rendant l'exécution de l'emprunt, des plus simples et des plus pratiques, fait disparaître les inconvénients qui ont toujours existé dans les emprunts a tirages, puisqu'il n'y aurait ainsi qu'un seul numéro à tirer chaque mois, tandis que, jusqu'à ce jour, même, dans les emprunts de peu d'importance, le grand nombre de numéros à extraire à chaque tirage a toujours présenté de grands embarras, demandé beaucoup de temps indépendamment de la grande difficulté qu'a toujours éprouvé le public à rechercher les numéros qui l'intéressaient.

Les Bons de placement et de circulation donneraient une plus grande extension à la circulation par l'attrait de la prime et les tirages fréquents. Ces deux avantages dont les valeurs de circulation n'ont jamais profité, améneraient en effet la reparition d'une partie des huit à neuf milliards d'or et d'argent qui se trouvent improductifs et le rétablissement de la circulation métallique. D'ailleurs l'insuffisance actuelle des valeurs en circulation est manisfeste, puisqu'à Lille, les trois caisses qui avaient créé des coupures de 1, 5 et 10 francs fonctionnent encore et que l'une d'elles a en circulation aujourd'hui pour prés de quatre millions de francs, bien que depuis déjà quelques mois les diverses administrations publiques ne les reçoivent plus en paiement. De plus le nouvel essort que les affaires commerciales et financières ne peuvent manquer de prendre dans quelque temps, permet de compter sur une augmentation assez sensible dans les besoins de la circulation. Eu égard à toutes ces considérations, on peut croire que la circulation réelle qui n'est actuellement que de trois à quatre milliards serait portée à cinq ou six milliards.

Le nouveau mode d'emprunt en Bons de placement et de circulation permet à l'État de se libérer de la dette énorme de neuf milliards de francs par le paiement de cinquante annuités de 360 millions chacune amortissement compris, c'est-à-dire de 2 p. 0/0 pour le remboursement du capital et de 2 p. 0/0 pour le service de l'intérêt sous forme de primes; sans compter que ce mode d'empruut permet au gouvernement de traiter directement avec le public, et éloigne ainsi tous le intermédiaires qui absorbent toujours une grande partie des emprunts.

Ainsi pour libérer la France de la dette de neuf milliards en Bons de placement et de circulation l'État aurait à payer 50 annuités de 360 millions chacune c'est-à-dire 18 milliards; tandis qu'en émettant un emprunt de cette même importance :

1° En rente 3 p. 0/0 au cours de 53 francs, la France se chargerait d'un service annuel d'intérêt de 509,433,000 francs soit pour 50 années 25 milliards 471,650,000 francs et d'une dette de 16 milliards 981,000,000 de francs.

2° En rente 5 p. 0/0 au cours de 85 francs la France se chargerait d'un service annuel d'intérêt de 529,411,000 francs soit pour 50 années 26 milliards 470,550,000 francs et d'une dette de 10 milliards 588,000,000 de francs.

La solidité des Bons de placement et de circulation dont je propose la création ne pourrait être contestée puisqu'ils émaneraient de l'État lui-même et seraient garantis par lui c'est-à-dire qu'ils reposeraient sur toutes les richesses de la France, sur son honneur et sur tout ce qu'elle possède.

Ce plan financier ne ressemble en rien aux divers projets qui reposent sur le tirage de lots et qui démoralisent le public en faisant miroiter à ses yeux des fortunes considérables qui n'arrivent jamais. Ces combinaisons sont en réalité de véritables loteries que le gouvernement a formellement prohibées. Elles ne favorisent que de rares personnes au détriment du plus grand nombre qui ne reçoit que le pair. Le système de Bons de placement et de circulation accorde une prime égale à tous les numéros, soit cent pour cent de la valeur possédée.

La création de la valeur que je propose, éloignant la crainte des emprunts donnerait une vive impulsion à toutes les affaires commerciales et financières, et aurait pour résultat immédiat de relever le cours des fonds publics qui, depuis longtemps se négocient à des prix très bas. Et ainsi, avant peu, la France aurait retrouvé le niveau de son crédit, c'est-à-dire la rente 3 p. 0/0 à 70 francs, et toutes les autres valeurs à des prix en rapport avec ce cours. Cette nouvelle valeur ferait aussi diminuer le nombre des billets de la banque de France dont le chiffre en circulation est beaucoup trop considérable, eu égard à son encaisse ; ce qui permettrait à cet établissement de baisser le taux de son escompte et de lever le cours forcé qui pèse actuellement sur cette valeur.

Le tirage d'une série se répétant tous les mois engagerait les détenteurs de mes Bons à les conserver en caisse et comme épargne, de préférence aux billets de banque et même à l'or et à l'argent, quand surtout l'amortissement aurait commencé à fonctionner. Quel serait en effet le possesseur d'une somme composée de bons, d'espèces ou de billets de banque, et qui, ayant un paiement à faire, ne garderait pas de préférence la monnaie qui d'un mois à l'autre pourrait lui apporter une prime ?

La création des coupures de 5, 10 et 20 francs viendrait en aide à la monnaie divisionnaire qui fait souvent défaut. Elle aurait aussi pour avantage de mettre le premier emprunt à portée des petites bourses et de permettre ainsi à toutes les classes de la société de pouvoir participer à cet emprunt et de contribuer à la délivrance de notre sol.

La possibilité d'émettre l'emprunt par quinzièmes et d'attendre le placement complet d'un quinzième avant d'en émettre un second, maintiendrait l'équilibre entre l'offre et la demande, amènerait la pleine réussite du classement et empêcherait l'encombrement du marché, ce qui contribuerait fortement à faire rechercher cette valeur et à obtenir ainsi peu à peu le placement des emprunts subséquents.

Rètablissement de la circulation métallique.

Le rétablissement de la circulation métallique est l'objet, depuis bon nombre d'années, de la préoccupation des économistes. Mais cette question a acquis une bien plus grande importance depuis que les clauses du traité de paix conclu avec la Prusse nous ont appris que cette nation n'acceptait en paiement de la France que l'or et l'argent. Or, je pense que le nouvel emprunt en Bons de placement et de circulation remboursables avec une prime de cent pour cent serait appelé à rétablir la circulation métallique et qu'il serait même nécessaire que cette valeur ou une autre de ce genre fut mise en circulation avant d'atteindre ce résultat. La cause du retrait de l'or et de l'argent de la circulation est, en effet, la grande masse de billets de la banque de France que l'on a créée depuis dix mois, c'est-à-dire la création d'une valeur d'un prix moindre aux yeux du public que l'or et l'argent. Mais l'effet contraire se produirait immédiatement en mettant en circulation une valeur que le public jugerait plus avantageuse que l'or et l'argent. Jusqu'à ce jour, en effet, les personnes ont payé en billets de banque et gardé leur or, tandis que si, au lieu des billets de banque, elles avaient entre leurs mains une valeur plus avantageuse et plus goûtée que l'or et l'argent, elles paieraient avec cette monnaie, et ainsi la circulation métallique serait rétablie.

L'emprunt que je conseille produirait infailliblement le résultat de faire rentrer dans les caisses du trésor les billets de banque moyennant un intérêt minime (la supériorité de mes Bons sur les billets de banque étant incontestable). D'un autre côté, si le gouvernement fait un emprunt, soit en 3 p. 0/0 soit en 5 p. 0/0, il devra, pour trouver preneur, l'émettre aux environs des prix actuels qui sont très bas et il ne recevra aussi dans ses caisses que des billets de banque, mais leur rentrée lui aura imposé une charge deux à trois fois plus lourde, et aura accablé l'état d'une dette énorme.

La plus grande partie des 8 à 9 milliards d'or et d'argent improductive se trouve entre les mains des habitants des campagnes. Ces derniers ne peuvent, comme les habitants des villes, profiter des différents moyens d'utiliser leurs capitaux, comme les caisses d'épargne, les maisons de banque, etc. Ils sont donc, pour ainsi dire, forcés de thésauriser chez eux l'or et l'argent pendant quelquefois même un grand nombre d'années. C'est cet or et cet argent que l'on doit chercher par tous les moyens possibles à faire reparaître et remettre dans la circulation. Or, la nouvelle valeur en bons de placement et de circulation, reconnue comme monnaie légale de France avec l'avantage de la prime de cent pour cent, les tirages fréquents et la facilité d'échange produirait ce résultat. Et ainsi, nous pourrions payer les cinq milliards dûs aux Prussiens sans appauvrir la France ; car la richesse d'une nation ne consiste pas seulement dans ce qu'elle possède mais aussi dans ce qu'elle sait utiliser.

Considérations sur la Banque.

Le nouveau mode d'emprunt en Bons de placement et de circulation remboursables avec une prime de cent pour cent, en cinquante années, permettrait d'arrêter l'émission des billets de la banque de France, et même de rembourser les avances que cet établissement a faites au gouvernement. La diminution des billets de banque lui permettrait aussi de rentrer dans ses attributs, que les événements graves l'ont forcé d'outrepasser, c'est-à-dire de se borner à escompter les effets de commerce et à faire des avances sur titres à un taux normal ; ce qui produirait une grande amélioration dans les affaires commerciales et financières et rétablirait le rapport qui doit exister entre l'encaisse et le chiffre en circulation de ses billets, tout en faisant cesser le cours forcé qui pèse actuellement sur cette valeur. La situation malheureuse des affaires demande un remède prompt et énergique et on ne peut espérer une reprise sérieuse tant que la banque de France maintiendra son escompte à 6 p, 0/0 pour les effets de commerce et à 6 1/2 p. 0/0 pour les avances sur titres, lorsqu'en Angleterre le taux de l'escompte est à 2 1/2 p. 0/0. D'ailleurs il est temps de mettre un terme à l'émission des billets de banque ; cette valeur se déprécie de plus en plus, déjà l'or et l'argent font prime sur les billets de cet établissement; et la Prusse ne les accepte plus en paiement.

Les besoins impérieux de la France commandent des économies. Or, pourquoi continuer à favoriser la Banque? Pourquoi donner toujours des intérêts énormes à cet établissement, pour du papier que l'Etat peut parfaitement créer lui-même ? N'est-il pas de beaucoup préférable de donner plus de prix aux billets en leur attribuant la valeur de ces intérêts par un moyen quelconque? Pourquoi la France ne commencerait-elle pas à faire ses affaires elle-même? Le crédit de la France, ne vaut-il pas le crédit de la banque ?

Si nous considérons maintenant, le tort que les monopoles ont toujours porté au travail national, nous trouvons cette idée développée dans le rapport de la commission permanente lilloise du travail, présenté en 1870 à la commission d'enquête parlementaire sur le régime économique.

En voici quelques extraits :

« Considérant que les monopoles suppriment la con-
« currence et l'émulation, arrêtent le progrès indus-
« triel et le développement commercial, qu'ils sont
« par conséquent nuisibles à l'intérêt général.

« Considérant que, des différents monopoles, sub-
« sistant de nos jours, ceux qui ont l'action la plus
« directe et la plus puissante sur le commerce et l'in-
« dustrie sont les compagnies de chemin de fer et la
« banque de France.

« La commission réclame :

« La création de banques régionales auxquelles on
« étendrait pendant une période maximum de vingt
« années, un privilége d'émission identique à celui de
« la banque de France, celle-ci continuerait à fonc-
« tionner et recevrait une indemnité pour chaque
« cession partielle de son privilége.

« Il est à considérer que le monopole se traduit tou-
« jours par un tribut perçu au détriment de la nation.
« Il constitue une atteinte à la liberté et à l'égalité du
« travail, une cause de production à plus haut prix et
« d'arrêt, qui entrave, retarde les autres branches et
« les met dans l'impossibilité de fabriquer à aussi bon
« marché que dans les pays concurrents plus habiles.
« N'en voyons-nous pas l'exemple dans le monopole de
« la banque de France et celui de grands réseaux de
« voies ferrées donnés à quelques puissantes compa-
« gnies qui se partagent notre territoire? Sur 38,000
« villes et communes que renferme la France, la
« banque de France ne compte encore, après un demi-
« siècle de fonctionnement, qu'environ soixante-dix
« succursales !

« A tous les points de vue, il y a donc équité, néces-
« sité à ne pas laisser plus longtemps livrés sans contre-
« poids, aux agissements despotiques de quelques puis-
« santes associations privilégiées, les intérêts de
« trente-huit millions d'habitants.

« C'est pour ces divers motifs que nous réclamons « instamment les réformes relatées précédemment.

« Ces réformes seraient loin d'être défavorables aux « présents monopoles de crédit et de transport. La « banque de France bénéficierait d'opérations plus « nombreuses; etc. »

Considérations qui démontrent la possibilité d'émettre l'emprunt.

Les Bons de placement et de circulation remboursables avec prime de cent pour cent, en cinquante années possèdent les deux qualités qui doivent nécessairement se trouver réunies si l'on veut arriver à l'émission d'une somme considérable tout en n'imposant à l'État qu'une faible charge.

Il existe en France de nombreux capitaux disponibles, qui ne répondraient pas à un appel fait par le gouvernement, même avec un intérêt de 5 1/2 à 6 p. 0/0 et qui n'hésiteraient pas à entrer dans une valeur nouvelle d'un rapport moindre devant l'attrait de la prime, les tirages mensuels et l'avantage innappréciable de pouvoir être utilisée de suite comme argent.

L'émission des bons de placement et de circulation donnerait également pleine et entière satisfaction aux personnes qui, par patriotisme et pour mettre fin le plus tôt possible à l'occupation prussienne, ont déjà offert des capitaux considérables même sans intérêt.

D'un autre côté, la mise en circulation des coupures de 5, 10 et 20 francs, tout en rendant de grands services au petit commerce qui a tant besoin de monnaie divisionnaire produirait une somme de deux milliards de francs environ, puisqu'à Lille, trois caisses de cette ville, ont pu en quelques mois en émettre sans aucune espèce d'opposition pour environ quinze millions de francs.

La supériorité de mes bons sur les billets de la Banque de France dont l'émission a été poussée au chiffre de 2 milliards 400 millions de francs ferait descendre cette émission à 3 ou 400 millions et la différence serait remplacée par mes bons.

L'appât de la prime attachée à mes bons aurait pour résultat de faire reparaître une partie des huit à neuf milliards d'or et d'argent qui ne se trouvent pas en circulation et de l'échanger contre des bons de placement et de circulation.

La nouvelle valeur que je propose pourrait également être utilisée en l'appliquant à l'indemnité à laquelle peuvent prétendre les départements envahis à raison des pertes spéciales qu'ils ont subies et qui sont dès à présent consommées et cette indemnité, si l'on songe aux nouveaux désastres dont Paris vient d'être victime s'élèverait au-delà d'un milliard.

Le gouvernement, tout en délivrant des bons dans toutes les recettes générales et particulières de France pourrait encore payer, toutes ses charges, arrérages de rentes, émoluments de fonctionnaires, etc.

Objection faite à mon projet et sa réfutation

La seule objection qui ait été faite à mon projet est l'assimilation de mes bons de placement et de circulation aux assignats de si triste mémoire. Un léger examen suffit cependant, à mon avis pour faire rejeter bien loin cette comparaison. Les assignats en effet n'étaient qu'un papier-monnaie, tandis que la création de la valeur que je propose est un véritable emprunt. Elle rapporte un intérêt sous forme de prime et son époque d'amortissement est fixée d'avance (avantage qui ne se rencontre même pas dans tous les emprunts). Les assignats avaient été créés sans aucune limite de nombre et sans but marqué, ce qui porta le chiffre d'émission à près de quarante milliards, mes bons de placement et de circulation au contraire ont une émission définitivement fixée au chiffre de 9 milliards et quand au but il n'est malheureusement que trop réel c'est la liquidation des frais de la guerre que la France a eu à soutenir. D'un autre côté, l'époque d'amortissement des assignats n'avait pas été fixée, tandis que, chaque mois une partie des bons en question doit être remboursée avec une forte prime de telle sorte que dans cinquante ans il n'en reste plus un seul. Aussi, loin de craindre la dépréciation qui est arrivée sur les assignats, les bons de placement et de circulation seraient appelés à être de plus en plus recherchés et même à faire prime.

Tableau comparatif.

Pour bien faire ressortir les bénéfices que le nouveau mode d'emprunt en bons de placement et de circulation procurerait à l'Etat, je vais mettre en parallèle les résultats d'un emprunt de même importance, remboursable en cinquante années :

1° En rentes, 3 p. 0/0 au cours de 53 francs.

2° En rentes, 5 p. 0/0 au cours de 85 francs.

3° En bons de placement et de circulation avec une prime de 100 p. 0/0.

Je base cette comparaison sur un emprunt de deux milliards, importance de l'emprunt que le gouvernement se propose d'émettre.

Emprunt de 2 milliards en rentes 3 p. 0/0 au taux de 53 francs.

En émettant à 53 francs un emprunt de 2 milliards en rentes 3 p. °/₀, l'intérêt à servir chaque année est de 113,207,547 fr.; 50 annuités =	5,660,377,350 fr.
En émettant à 53 francs un emprunt de 2 milliards en rentes 3 p. °/₀, la France contracterait une dette de	3,773,584,905 fr.
Pour se libérer d'un emprunt de 2 milliards en rentes 3 p. °/₀ émise à 53 francs, l'Etat aurait à payer. .	9,433,962,255 fr.

Emprunt de 2 milliards en rentes 5 p. 0/0 au taux de 85 francs.

En émettant à 85 francs un emprunt de 2 milliards en rentes 5 p. °/₀, l'intérêt à servir chaque année est de 117,647,058 fr.; 50 annuités =.	5,882,352,900 fr.
En émettant à 85 francs un emprunt de 2 milliards en rentes 5 p. °/₀, la France contracterait une dette de.	2,352,941,176 fr.
Pour se libérer d'un emprunt de 2 milliards en rentes 5 p. °/₀ émise à 85 francs, l'Etat aurait à payer. .	8,235,294,076 fr.

Emprunt de 2 milliards en bons de placement et de circulation avec prime de 100 p. 0/0.

En émettant un emprunt de 2 milliards en bons de placement et de circulation avec prime de 100 p. °/₀, l'intérêt sous forme de prime à servir chaque année est de 40,000,000; 50 annuités =.	2,000,000,000 fr.
En émettant un emprunt de 2 milliards en bons de placement et de circulation, la France aurait à payer pour l'amortissement du capital; 50 annuités de 40,000,000 = .	2,000,000,000 fr.
A reporter. . .	4.000,000,000 fr.

Report. . .	4,000,000,000 fr.
Pour se libérer d'un emprunt de 2 milliards en bons de placement et de circulation avec prime de 100 p. %, l'Etat aurait à payer. . .	4,000,000,000 fr.
On le voit, un emprunt de deux milliards en bons de placement et de circulation ferait une économie sur un emprunt de même importance en rentes 3 p. 0/0 émis à 53 francs, de	5,433,962,255 fr.
Et sur un emprunt en rentes 5 p. 0/0 émis à 85 francs, de	4,235,294,076 fr.

Il resterait même encore à tenir compte de la capitalisation de la différence des sommes à payer chaque année dans ces trois sortes d'emprunts. 1° La différence entre la rente 3 p. 0/0 et les Bons de placement et de circulation est de 33,207,547 fr. chaque année qui, capitalisés pendant 50 ans, donnent une somme de 5 milliards, 287 millions ; 2° la différence entre la rente 5 p. 0/0 et les Bons de placement et de circulation est de 37,647,058 fr. chaque année qui, capitalisés pendant 50 ans, donnent une somme de 5 milliards, 986 millions. Mais, dira-t-on, l'État ne capitalise jamais? Ceci est vrai ; mais rien ne pourrait l'empêcher d'appliquer cette différence annuelle au rachat de ses anciennes dettes et en agissant ainsi dans cinquante ans il en aurait amorti la moitié environ !

Tous ces avantages surprenants et incontestables méritent d'attirer l'attention des économistes, surtout si l'on considère que la réussite d'un emprunt de deux milliards en Bons de placement et de circulation est assurée.

Ces économies énormes que mon nouveau mode d'emprunt donnerait à la France, lui permettraient d'envisager la situation avec calme et d'indemniser généreusement les départements envahis et de réparer les nouveaux désastres dont Paris vient d'être victime.

Ces libéralités resserreraient les liens fraternels qui doivent exister entre tous les Français et abrégeraient la terrible épreuve que la France traverse en ce moment

---

Résumé du projet.

C'est une nouvelle valeur que je propose, elle jouit tout à la fois de deux avantages, le placement et la circulation.

Ce projet est fort simple et d'une exécution des plus faciles.

Il offre toute espèce de garantie et de solidité.

Il est on ne peut plus morale, puisqu'il accorde à tous les bons le même profit.

Il possède l'immense avantage de pouvoir être émis par quinzième et d'empêcher ainsi l'encombrement du marché.

Il permet de se procurer de suite de très grandes ressources.

Il offre les plus grandes chances de réussite en créant des Bons :

1° Qui serviraient de monnaie divisionnaire ;

2° Qui seraient préférés aux billets de la banque de France et même à l'or et à l'argent ;

3° Qui serviraient à payer toutes les charges de l'État ;

4° Qui offriraient un placement temporaire aux capitaux disponibles qui peuvent être utilisés d'un jour à l'autre ;

5o Qui donneraient satisfaction aux personnes disposées à prêter au gouvernement sans intérêt;

6o Qui pourraient servir à indemniser les départements envahis et à réparer les nouveaux désastres dont Paris vient d'être victime.

Il aurait l'avantage de relever le cours des fonds publics.

Il rétablirait la circulation métallique.

Il ferait diminuer le nombre des billets de la banque de France, ce qui permettrait à cet établissement de baisser le taux de son escompte et de faire cesser le cours forcé.

Et par-dessus tout, il offrirait un moyen très peu dispendieux pour l'État de s'acquitter d'une dette énorme, puisque ce nouveau mode d'emprunt ne lui coûterait que 360 millions de francs chaque année, c'est-à-dire deux pour cent pour l'amortissement du capital, et deux pour cent pour le paiement de l'intérêt sous forme de prime.

Essai d'un Bon qui offrirait au public tous les renseignements désirables et nécessaires.

LIQUIDATION DES FRAIS DE LA GUERRE

BON DE PLACEMENT & DE CIRCULATION

Premier Emprunt de 600 Millions

DIVISÉ EN 600 SÉRIES.

Série No 180.

Mille Francs

REMBOURSABLE A 2,000 FRANCS

Un tirage tous les premiers de chaque mois.

MONNAIE LÉGALE DE FRANCE.

CONCLUSION.

La situation présente de la France est sans précédent, les voies ordinaires qu'elle a employées jusqu'alors pour se procurer des ressources ne pourront suffire, si l'on n'y apporte quelques innovations qui puissent permettre au gouvernement d'emprunter à des conditions peu onéreuses.

La France a besoin de suite de fonds considérables pour combler les désastres que la guerre fatale contre la Prusse a accumulés sur elle, et ce n'est pas en s'imposant des intérêts énormes à payer chaque année comme 500 millions de francs, qu'elle parviendra à combler tous les déficits à moins de compromettre son avenir.

Il faut donc que chacun dans la limite de sa fortune apporte son concours empressé à la souscription des emprunts, même peu rémunérateurs et que cette souscription ne soit plus considérée comme une spéculation mais comme un devoir.

Les impôts qui atteignent déjà le chiffre de deux milliards, ne pourront guère être augmentés. Ils sont enfermés dans une limite qu'ils ne peuvent outrepasser sans porter atteinte à la prospérité industrielle et commerciale du pays.

Le nouveau mode d'emprunt en bons de placement et de circulation remboursables avec prime de cent pour cent dont la réussite est assurée, tout en offrant la plus grande sécurité au public ménagerait les intérêts de l'État et procurerait des ressources immédiates.

L'exemple des États-Unis qui par des mesures hardies et souvent heureuses, ont su développer leur crédit et multiplier leurs capitaux doit être l'objet de sérieuses réflexions pour les hommes timides, qui craignent toujours le moindre changement, et encourager la France à tenter quelques innovations qui lui seraient d'un grand secours dans la situation malheureuse où elle se trouve.

Lille, le 24 Juin 1871.

Lille, imp. Lefebvre-Ducrocq.

www.ingramcontent.com/pod-product-compliance
Ingram Content Group UK Ltd.
Pitfield, Milton Keynes, MK11 3LW, UK
UKHW021201230726
13926UKWH00001B/243